W0471221

L'EUROPE... QUESTIONS ET RÉPONSES

L'UNION EUROPÉENNE
QUEL INTÉRÊT POUR MOI ?

TABLE DES MATIÈRES

Les termes ***«Communauté européenne»*** *et* ***«Union européenne»*** *s'appliquent ici à l'entité politique du nom de Communauté économique européenne (ou marché commun), à laquelle donna naissance le traité de Rome en 1957 et qui devint, par la suite, la Communauté européenne et, enfin, l'Union européenne en vertu du traité de Maastricht de 1991, appelé officiellement «traité sur l'Union européenne». Ce dernier traité, structuré juridiquement en «piliers», stipule que la plupart des questions de politique générale relèvent de la compétence de la Communauté européenne encore existante (c'est-à-dire tout ce qui touche le marché unique et la politique agricole commune), mais deux domaines importants, la politique étrangère et de sécurité commune, d'une part, et, d'autre part, la justice et les affaires intérieures, en représentent, respectivement, le deuxième et le troisième pilier. Des cadres juridiques différents, sous le «parapluie» de l'Union européenne, s'appliquent à ces piliers.*

L'Union européenne (UE) représente une grande diversité de choses pour beaucoup de personnes. Pour certains, elle est au cœur des efforts entrepris au cours des cinquante dernières années pour préserver la paix dans un continent autrefois déchiré par les rivalités et les soupçons. D'autres, par contre, évoquent son impuissance politique. Ils se demandent pourquoi cette union politique supposée a été incapable d'intervenir efficacement en ex-Yougoslavie.

Pour de nombreuses personnes, l'UE concerne essentiellement le marché unique ainsi que les chances et avantages que celui-ci offre aux entreprises, aux étudiants, aux retraités et aux vacanciers.

Certains sont d'avis que l'arbre cache la forêt. Ils regardent en arrière et se demandent si les responsabilités actuelles de l'UE répondent véritablement aux visions de ses fondateurs, ou si ces visions ne se sont pas égarées dans les ambiguïtés européennes de l'après-guerre froide. Il serait raisonnable de demander à quoi sert exactement l'UE aujourd'hui.

De même, vous voudriez peut-être savoir concrètement en quoi l'UE vous est bénéfique.

Les institutions de l'UE sont inondées quotidiennement de demandes de réponses à de nombreuses questions de ce type. Cette brochure, divisée en plusieurs numéros, cherche à donner des réponses brèves mais concises aux questions les plus fréquemment posées.

En définitive, l'UE représente bien plus que la somme de ses composants. Ses États membres l'ont créée pour aider à résoudre des problèmes que l'action des pays isolés ne suffit plus à traiter. Tout l'intérêt est là. L'UE ne crée pas d'entraves, elle ouvre des perspectives.

1. La citoyenneté et la démocratie dans l'Union européenne

En quoi consiste la citoyenneté européenne?

La citoyenneté de l'UE représente l'un des aspects les plus importants introduits par le traité sur l'Union européenne, appelé aussi traité de Maastricht. Or, ici, la citoyenneté ne se réfère pas à la nationalité, mais plutôt aux droits et aux privilèges qui vous reviennent en tant que membre d'une communauté. De cette façon, la citoyenneté de l'UE complète la citoyenneté nationale; elle ne la remplace pas. Les droits civiques accordés sont simplement des droits supplémentaires.

Quels sont mes droits en tant que citoyen de l'Union européenne?

Les droits accordés actuellement aux citoyens de l'Europe sont peu nombreux, mais il y a de fortes probabilités qu'ils soient renforcés à l'avenir. De quoi s'agit-il? Tout d'abord, les citoyens de l'UE ont le droit de circuler, de séjourner et de travailler librement dans n'importe

Les citoyens de l'Europe s'identifient-ils à leur nation ou à l'UE?

Un récent sondage *Eurobaromètre* indique que les citoyens européens sont relativement peu nombreux à se considérer d'abord comme des Européens, mais qu'environ la moitié d'entre eux, en moyenne, ont un certain sens de double appartenance. Cette notion est la plus répandue en France et en Italie et la moins répandue en Suède, au Danemark et au Royaume-Uni.

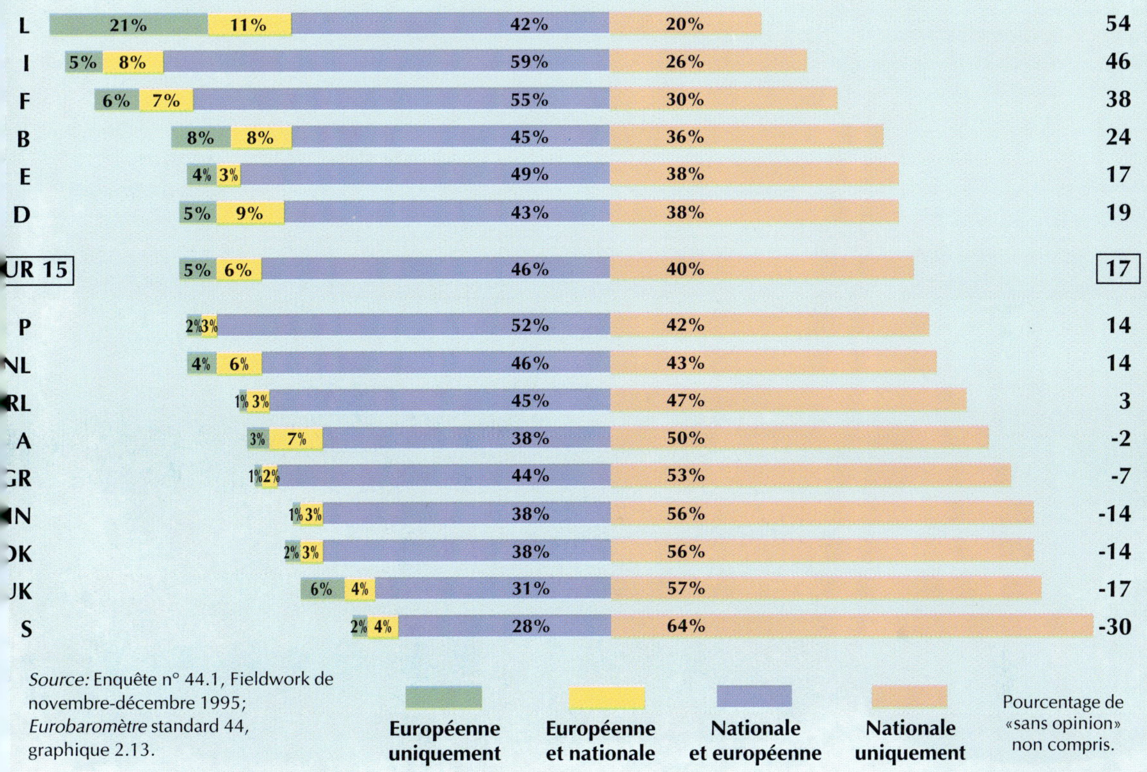

Source: Enquête n° 44.1, Fieldwork de novembre-décembre 1995; *Eurobaromètre* standard 44, graphique 2.13.

quel État membre, bien qu'il reste du chemin à parcourir avant que ce droit soit entièrement acquis. L'ouverture du système de transfert des footballeurs est un exemple du déroulement de ce processus; de même, tout le monde doit bénéficier à terme, comme les travailleurs, les étudiants, les retraités et les demandeurs d'emploi, d'un accès facile à la sécurité sociale dans n'importe quel État membre. De la même façon, il faut élaborer des accords en matière de contrôle de l'immigration, des visas et de l'octroi du droit d'asile, pour que l'on puisse vraiment se passer de passeports au franchissement des frontières intérieures.

Deuxièmement, en tant que citoyen de l'UE, vous avez la possibilité d'élire domicile dans un État membre autre que le vôtre ainsi que de voter aux élections locales/municipales et européennes dans ce pays. Vous êtes également éligible aux élections municipales et européennes dans ce pays, au même titre que ses ressortissants.

Troisièmement, tous les citoyens de l'UE ont droit à la protection diplomatique et consulaire lorsqu'ils visitent un pays extérieur à l'UE. Ils peuvent se prévaloir des services d'autres États membres si leur propre pays n'est pas représenté dans ce pays.

Les hommes et les femmes politiques européens évoquent souvent un «déficit démocratique» au cœur de l'Union européenne. Cela existe-t-il et, dans ce cas, comment fait-on pour y remédier?

Un univers d'affaires louches, conclues derrière des portes distantes et fermées: voici l'image que de nombreuses personnes se font du processus de décision de l'UE. Cette impression est compréhensible à plusieurs égards; ce n'est que depuis peu que sont publiés les votes des ministres au sein du Conseil de l'Union européenne et, en même temps, certains parlements nationaux n'ont pas le pouvoir de demander des comptes à leurs ministres avant ou après les réunions du Conseil. De la même façon, une grande partie des comités de réglementation, de consultation et de gestion responsables de certains aspects de la politique de l'UE, dont les membres sont des fonctionnaires européens et nationaux accompagnés d'experts techniques dans les domaines appropriés, agissent également dans l'ombre, bien que l'on puisse dire la même chose au sujet de nombreuses institutions nationales de la sorte.

Les critiques prétendent que ce n'est qu'à la suite de la difficile ratification du traité de Maastricht que les dirigeants européens ont finalement compris ce message. En fait, le traité de Maastricht lui-même aborde ce thème. À titre d'exemple, il introduit le concept de citoyenneté européenne, en dépit du fait que cette avancée fut éclipsée par les débats au sujet de la monnaie unique et par les questions quant à une éventuelle armée européenne.

Le traité de Maastricht a également permis au Parlement européen de nommer un médiateur chargé d'enquêter sur les cas de mauvaise gestion par les institutions de l'UE et de créer le Comité des régions, organisme spécialement conçu dans le but de donner voix aux régions et aux instances locales au chapitre des décisions au niveau de l'UE.

Le texte du traité de Maastricht insiste également pour que les institutions de l'UE améliorent l'accès à l'information; un code de conduite commun pour le Conseil et la Commission a été introduit en conséquence. La couverture médiatique a également été facilitée: le Conseil de l'Union européenne vient d'ou-

Le **Comité des régions** donne l'occasion aux instances locales et régionales de s'exprimer sur la gestion de l'Europe, à titre consultatif, et permet aux députés nationaux élus de faire parvenir leurs messages au cœur de l'Europe. Les autres institutions de l'UE doivent consulter le Comité sur les questions régionales ou culturelles et sur celles se rapportant à la cohésion économique et sociale. Le Comité peut également formuler des avis sur d'autres questions s'il le désire.

vrir ses débats politiques les plus importants aux journalistes et aux caméras de la télévision, suivant l'exemple du Parlement européen.

L'évolution vers une plus grande ouverture a été davantage renforcée par l'instauration du Tribunal de première instance des Communautés européennes, qui, en octobre 1995, décida que le Conseil de l'Union européenne ne devrait s'opposer qu'exceptionnellement (pour des questions de sécurité, par exemple) au principe d'accès à l'information concernant les votes des ministres nationaux.

Le **Parlement européen** se réunit généralement en session plénière à Strasbourg, les réunions de comité et les assemblées de groupes politiques ayant le plus souvent lieu à Bruxelles. Comme dans le cas d'autres parlements, le pouvoir exécutif, dans ce cas la Commission, doit lui rendre compte et doit répondre verbalement, ou par écrit, aux questions posées par les membres du PE.

Est-ce que le Parlement européen dispose d'un réel pouvoir d'influence sur le droit européen? Comment son rôle a-t-il évolué?

Le Parlement européen (PE) a acquis une place de plus en plus centrale dans les affaires de la Communauté, sur les plans de son fonctionnement et de sa planification quotidienne ainsi que sur le plan de sa légitimité même.

Au début, les membres du PE provenaient des parlements nationaux. Depuis 1979, ils sont élus directement, ce qui a accru la représentativité du PE, l'a rapproché des citoyens européens et lui a permis de gagner davantage d'autorité au sein du processus de décision en Europe. L'une des justifications les plus importantes et les plus méconnues des parlementaires au niveau européen est qu'ils peuvent se permettre de se spécialiser, de se consacrer uniquement aux questions européennes. Parallèlement à cette évolution, des partis et des groupements politiques transnationaux sont apparus, premiers signes véritables de l'émergence d'une vie politique européenne transcendant les frontières nationales.

Le PE est élu tous les cinq ans, chaque État membre se voyant affecter une part du total de 626 sièges selon sa population nationale. À l'heure actuelle, l'Allemagne dispose de 99 sièges, la France, l'Italie et le Royaume-Uni, de 87 sièges chacun, l'Espagne, de 64, les Pays-Bas, de 31, la Belgique, la Grèce et le Portugal, de 25 chacun, la Suède, de 22, l'Autriche, de 21, le Danemark et la Finlande, de 16 chacun, l'Irlande, de 15, et le Luxembourg, de 6.

Les pouvoirs initiaux du PE étaient extrêmement limités; la consultation du PE ne s'imposait pas en matière de législation, mais on lui accorda rapidement un statut consultatif et certains pouvoirs de supervision. Par contre, le PE jouit de pouvoirs budgétaires considérables depuis les années 70, ces pouvoirs ayant été renforcés davantage du fait de l'augmentation du nombre de projets financés directement sur le budget communautaire plutôt que par les contributions des États membres.

Grâce à l'Acte unique européen de 1987, les pouvoirs du PE ont été considérablement élargis. C'est ainsi qu'il peut se prononcer sur certaines questions dans le cadre d'une procédure dite «de coopération», procédure selon laquelle les propositions de la Commission européenne sont examinées deux fois par le PE et deux fois par le Conseil.

Cela comprend toutes les mesures se rapportant au marché unique. En moyenne, la moitié environ des amendements proposés par le PE sont acceptés et intégrés dans la législation définitive. L'acte stipule également que tous les accords internationaux de coopération et d'association, ainsi que tout élargissement ultérieur de l'Union, négociés essentiellement par la Commission, sont soumis à l'approbation du PE.

Le traité de Maastricht de 1992 renforce encore plus les pouvoirs du PE, étendant la procédure de coopération à de nouveaux domaines, tels que le Fonds social européen et l'aide aux pays en voie de développement. Maastricht donne également au PE le pouvoir de codécision avec le Conseil de l'Union européenne, ce qui revient à donner au PE un droit de troisième lecture dans certains domaines, notamment en ce qui concerne le marché unique, lui permettant ainsi de rejeter définitivement certaines propositions.

Le PE est désormais également habilité à demander à la Commission européenne de formuler de nouvelles lois et peut censurer la Commission par un vote prononcé à la majorité des deux tiers. Lors des premières séances du nouveau Parlement en janvier 1995, les différents comités parlementaires ont interrogé oralement chaque commissaire, avant que le Parlement ne passe au vote sur l'approbation de la nouvelle Commission dans son ensemble. Cette fois-ci, il s'est prononcé en faveur de la Commission et de ses priorités d'action; la possibilité existe toujours qu'il se prononce autrement dans l'avenir.

Où puis-je m'adresser pour porter plainte contre la Communauté elle-même ou soulever une question d'intérêt communautaire?

Il existe plusieurs options. À titre d'exemple, si vous voulez soulever une question particulière, vous pouvez faire parvenir une pétition au PE en vous adressant directement au président du Parlement européen, L-2929, Luxembourg. Un comité parlementaire examinera votre pétition, fera les démarches qu'il juge nécessaires et vous informera de sa décision. Dans le passé, des pétitions ont notamment contribué à persuader certains États membres de modifier leur législation nationale afin de l'aligner sur le droit communautaire.

Si vous voulez dénoncer une mauvaise gestion suspectée au sein d'une institution de l'UE, vous pouvez vous mettre en contact avec le médiateur européen. En juillet 1995, le PE a élu son premier médiateur, Jacob Magnus Soderman, ancien médiateur parlementaire en Finlande.

Tout citoyen de l'UE peut se mettre en contact avec le **médiateur européen** soit directement, soit par l'intermédiaire du membre du PE qui le représente. Vous pouvez le joindre par téléphone (33) 388 17 23 83 ou par fax (33) 388 17 90 62, ou à l'adresse suivante: Parlement européen, avenue Robert-Schuman, BP 1024, F-67070 Strasbourg Cedex.

Vous pouvez également **faire une réclamation** directe à la Commission européenne en cas d'infraction supposée au droit communautaire si, par exemple, vous croyez qu'une loi n'a pas été mise en application, que ce soit partiellement ou pas du tout. La Commission étudiera ensuite votre pétition. Si elle vous donne raison, elle peut porter l'affaire directement devant la Cour de justice des Communautés européennes. Veuillez vous adresser à: M. Villedieu, poste centrale, secrétariat général, Commission européenne, rue de la Loi 200, B-1049 Bruxelles.

Quelle est la différence entre la Cour de justice des Communautés européennes et la Cour européenne des droits de l'homme?

La Cour de justice des Communautés européennes (CJCE), installée à Luxembourg, est l'institution judiciaire de l'UE. Elle a pour tâche de veiller à ce que la loi soit respectée dans l'interprétation et la mise en œuvre des traités de l'UE. La CJCE veille donc à ce que les États membres respectent leurs obligations selon les traités, que les institutions de l'UE n'excèdent pas les pouvoirs qui leur sont accordés et, en collaboration avec les tribunaux nationaux, que le droit de la Communauté européenne soit interprété et appliqué de la même façon dans tous les États membres.

La CJCE réalise donc des tâches qui, dans les systèmes judiciaires des États membres, sont celles des cours constitutionnelles, des cours de juridiction générale ou des tribunaux administratifs.

La CJCE tranche les litiges opposant des institutions communautaires entre elles, des États membres entre eux ou opposant des États membres et une institution communautaire. À la demande des cours ou des tribunaux des États membres, elle statue en outre sur l'interprétation d'un aspect quelconque du droit communautaire. Les entreprises et les individus peuvent former des recours directement devant le Tribunal de première instance (TPI), créé en 1988 afin d'améliorer la protection judiciaire des intérêts individuels et de permettre à la CJCE de se concentrer sur sa tâche fondamentale qui est de veiller à l'interprétation uniforme du droit communautaire. Il est possible de faire appel des jugements du TPI devant la CJCE, mais uniquement sur des points de droit. Il n'existe pas de droit d'appel contre un jugement de la CJCE.

La Cour européenne des droits de l'homme, par contre, qui siège à Strasbourg, fait partie du Conseil de l'Europe. Fondé en 1949, le Conseil de l'Europe est tout à fait distinct de l'UE et rassemble quarante États de l'ensemble du continent, y compris tous les États membres de l'UE.

La Cour européenne des droits de l'homme a pour rôle de veiller au respect des principes énoncés dans la convention pour la protection des droits de l'homme et des libertés fondamentales. Cette garantie internationale ne remplace pas les garanties nationales des droits fondamentaux, mais les complète. Des États ou des particuliers qui considèrent que les autorités d'un État ont empiété sur leurs droits fondamentaux peuvent saisir la Cour européenne des droits de l'homme, mais il doivent déjà avoir épuisé tous les recours judiciaires et administratifs possibles dans l'État concerné. Des réformes sont actuellement en cours pour rendre l'appareil de protection plus accessible aux particuliers et accélérer les procédures afin d'améliorer l'efficacité. Le pays concerné doit respecter les jugements de la Cour européenne des droits de l'homme.

2. Les contrôles aux frontières et la libre circulation des personnes dans l'Union européenne

Pourquoi dois-je encore donner la preuve de mon identité lorsque je circule dans d'autres parties de l'Union européenne?

L'Acte unique européen, en 1987, a établi un marché intérieur dans lequel la libre circulation des personnes est assurée; il est entré effectivement en vigueur sept ans plus tard, en janvier 1993. À partir de ce moment, les citoyens de la Communauté et de l'Espace économique européen (EEE — actuellement la Norvège, l'Islande et le Liechtenstein, en plus des quinze États membres de l'UE) ont eu le droit de circuler au sein de l'Europe sans interférence bureaucratique. De nombreux progrès ont été réalisés à cet égard. Les attentes aux postes frontaliers ont été pratiquement éliminées et la durée des voyages a été réduite. Cela s'applique aussi bien aux passages routiers et ferroviaires qu'aux procédures dans la plupart des aéroports.

Néanmoins, certains obstacles techniques et politiques restent à surmonter pour atteindre l'objectif fixé. Des sensibilités nationales persistent à l'égard des frontières, certains gouvernements nationaux préférant maintenir leurs contrôles. Cela s'applique surtout aux pays ne faisant pas partie de la zone Schengen. Le système de contrôle aléatoire des cartes d'identité reste en place, car les gouvernements des différents pays de l'Europe redoutent le banditisme international, le trafic de stupéfiants et le terrorisme. Les voyageurs de la CE/de l'EEE sont donc toujours tenus de se munir de papiers d'identité, que ce soit une carte d'identité ou un passeport.

Dans le même temps, des contrôles restent en place au passage de certaines frontières, notamment dans les aéroports. Cela s'explique essentiellement par le fait que les infrastructures et la disposition de certains aéroports n'ont pas encore été modifiées afin de séparer les passagers des vols intracommunautaires et des vols internationaux. Cette adaptation nécessite du temps et de l'argent.

Pourquoi les contrôles aux frontières sont-ils plus stricts dans certains États membres de l'Union européenne que dans d'autres?

Les attitudes des États membres envers les contrôles aux frontières reflètent leurs priorités politiques divergentes ainsi que les relations historiques et culturelles qu'ils ont souvent établies au fil des ans avec des pays tiers non-membres, notamment pendant l'ère coloniale. Certains États membres hésitent à supprimer leurs contrôles, car ils considèrent que l'élimination des frontières intérieures ne fera que faciliter le crime transfrontalier à l'intérieur et à l'extérieur de la Communauté. C'est la raison pour laquelle la collaboration entre les douaniers et les policiers nationaux a été renforcée et qu'Europol (Office européen de police) a été créé.

Certains problèmes techniques difficiles restent à surmonter avant que les États membres n'ouvrent complètement leurs frontières au reste de la Communauté. À titre d'exemple, comment s'y prendre avec des nationaux, citoyens de plein droit d'un État membre, mais pas de la Communauté elle-même? Cela s'applique, entre autres, aux ressortissants du Commonwealth au Royaume-Uni.

De la même façon, certains gouvernements hésitent à accorder aux citoyens de pays tiers, non-membres de la Communauté/de l'EEE, qui visitent légalement un État membre, le droit de pénétrer dans un autre. D'autres s'inquiètent de l'immigration, surtout de l'immigration illégale, s'imaginant que, une fois les contrôles aux frontières intérieures supprimés, celle-ci pourrait se développer. Il faut trouver des réponses à ces questions qui donnent satisfaction à tout le monde.

Afin de lutter contre l'inertie qui s'était installée au sujet de la libre circulation des personnes, cinq États membres (la Belgique, l'Allemagne, la France, le Luxembourg et les Pays-Bas), suivis de la Grèce, de l'Espagne, de l'Italie, de l'Autriche et du Portugal, signèrent, en 1985, les accords de Schengen. Ces dix pays ont adopté par la suite leurs propres règlements d'une portée considérable, dont l'un des buts essentiels est de supprimer l'utilisation des passeports dans l'ensemble de la zone Schengen.

Cependant, il incombe toujours à la Communauté d'établir un système commun d'émission de visas et d'arrêter une liste commune de pays tiers dont les ressortissants ont besoin de visas d'entrée. Cette question est désormais prioritaire.

Que fait la Communauté pour garantir la libre circulation des personnes dans l'ensemble de la Communauté?

En tant que «gardienne» des traités communautaires, la Commission européenne est tenue de présenter des propositions visant à garantir la libre circulation effective des personnes. En juillet 1995, elle a présenté des propositions visant à supprimer le système actuel de postes frontaliers approuvés, à mettre fin au contrôle des pièces d'identité par les entreprises de transports maritimes et aériens ainsi qu'à donner aux visiteurs des pays non-membres de la Communauté légalement présents dans un État membre le droit de se rendre librement dans n'importe quel autre pays commu-

Photonews

nautaire, à condition de disposer d'une carte de séjour ou d'un visa.

Aucun État membre ne pouvant être contraint à supprimer ses procédures de contrôle des personnes aux frontières, les gouvernements peuvent mettre leur veto à ces propositions s'ils le souhaitent. Cette possibilité n'est pas exclue. Pourquoi? Parce que certaines parties du puzzle, telles que le renforcement des contrôles aux frontières extérieures, condition sine qua non de la modification des contrôles aux frontières intérieures, sont encore à l'étude, car la suppression de toutes les frontières intérieures au sein de la Communauté implique également l'adoption des mêmes normes en matière d'immigration, d'octroi du droit à l'asile et de visas.

Le démantèlement éventuel de toutes les frontières intérieures provoquera-t-il une augmentation du nombre d'immigrants dans mon pays, qu'ils viennent de l'intérieur ou de l'extérieur de la Communauté?

Non, cela ne devrait pas se passer ainsi. Il est fondamental que le démantèlement des frontières intérieures de la Communauté s'accompagne d'un renforcement synchronisé des contrôles à toutes les frontières extérieures.

Les démarches visant à renforcer la surveillance de toutes les frontières extérieures sont évidemment très complexes et parfois contestées. Il convient notamment de se mettre d'accord sur les moyens d'empêcher des étrangers déclarés indésirables dans un État membre d'aller simplement s'installer dans un autre et de veiller à ce que les immigrants illégaux soient renvoyés

L'intégration des résidents étrangers doit être facilitée partout dans l'UE, mais l'UE et ses États membres luttent ensemble contre l'immigration illégale.

dans l'État membre par lequel ils sont initialement entrés dans la Communauté. Il faut également prendre en considération les demandeurs d'asile et éviter qu'ils ne fassent le tour des États membres en quête du plus offrant. Un format uniforme de visa UE, une liste commune des pays tiers dont les ressortissants requièrent un visa d'entrée ainsi que les détails précis de la procédure d'échange d'informations sur les criminels doivent également être arrêtés.

Cette approche dualiste permet donc de résoudre en partie la question de l'«immigration interne», mais des inquiétudes ont également été exprimées au sujet du «tourisme pour allocations», c'est-à-dire les immigrés ou autres personnes qui cherchent à s'installer dans les États membres où ils pourront profiter des meilleures prestations sociales de toute la Communauté.

En fait, les États membres sont en mesure de limiter le risque de mouvements massifs de population provoqués par les différences de législation sociale. Certains ont effectivement cherché à le faire, mais il y a peu d'indications d'une telle tendance, ce type de mouvement étant limité par la mise en application stricte de règles communes concernant le droit de séjour des étudiants, des retraités et des chômeurs. Si les États membres acceptent d'accorder une plus grande liberté de circulation à tous les citoyens de la Communauté, il faudra inévitablement prendre en compte la question des prestations sociales.

Il est d'autant plus difficile d'aboutir à un accord sur ces questions que les décisions à cet égard sont prises, le plus souvent, au niveau intergouvernemental. Non seulement cette méthode est moins efficace, mais elle revient à priver le PE de toute possibilité de surveillance.

3. Vivre, travailler et étudier dans un autre pays de l'Union européenne

Pourquoi avons-nous besoin de règles communautaires en matière de sécurité sociale?

La garantie de la mobilité géographique et professionnelle en Europe ainsi que du droit à un niveau minimal d'intégration sociale dans n'importe quel État membre est au cœur du principe de la libre circulation des personnes. Il est logique qu'il faille prévoir des dispositions européennes communes pour que les personnes souhaitant travailler et séjourner dans n'importe quel pays de la Communauté puissent le faire sans se retrouver dans une position excessivement désavantagée. L'accès à la sécurité sociale s'avère donc indispensable.

À l'origine, le principe de la libre circulation ne s'appliquait qu'aux travailleurs, leur garantissant l'égalité de traitement sur les plans de l'emploi, des salaires et des conditions de travail dans l'ensemble de la Communauté. En termes pratiques, il a fallu travailler à harmoniser et à faire reconnaître mutuellement les titres scolaires et les qualifications professionnelles ainsi qu'à garantir aux travailleurs le droit de séjourner dans un autre État membre. On a également reconnu que les demandeurs d'emploi auraient également besoin de temps pour trouver du travail et ils ont donc droit, eux aussi, aux prestations sociales.

Les progrès en matière d'approbation et de mise en application de droits communs de sécurité sociale ont été lents, mais ces droits se sont progressivement étendus à des catégories de plus en plus nombreuses de citoyens. En 1990, les États membres ont accepté d'étendre le droit de séjour aux étudiants, aux pensionnés et aux inactifs à condition qu'ils disposent de ressources suffisantes pour subvenir à leurs propres besoins ainsi que d'une assurance maladie convenable.

Comment fonctionnent les dispositions communautaires en matière de sécurité sociale? Remplacent-elles les systèmes nationaux de sécurité sociale?

Les dispositions communautaires en matière de sécurité sociale n'harmonisent ni ne remplacent les systèmes nationaux qui, dans certains cas, sont très différents et résultent de pratiques et de préférences nationales de longue date. Il s'ensuit que chaque État membre continue d'appliquer son propre règlement en ce qui concerne les personnes assurées, les avantages accordés et les conditions d'admissibilité, mais les gouvernements se sont mis d'accord sur le respect de certains principes communs, tels que l'abolition de toute discrimination envers les citoyens d'autres États membres, leur permettant ainsi de vivre et de travailler sur le territoire d'un pays donné tout en bénéficiant du même traitement et des mêmes droits de sécurité sociale que les ressortissants dudit pays.

Les gouvernements des États membres doivent également respecter la règle générale selon laquelle un salarié est assuré et cotise dans l'État membre où il est employé, plutôt que dans le pays où il habite, si celui-ci est différent. Il existe des exceptions à la règle, s'appliquant notamment à des salariés affectés temporairement dans un autre État membre sous certaines conditions.

Les dispositions communautaires prévoient également le «cumul des périodes», c'est-à-dire que, lorsqu'une période d'attente est exigée avant d'avoir droit aux prestations sociales, les autorités de l'État membre dans lequel la demande de prestations est formulée sont tenues de prendre en considération d'éventuelles périodes d'assurance, de séjour ou d'emploi reconnues par la législation d'autres États membres afin d'ouvrir le droit aux prestations.

Quels sont les avantages sociaux couverts par les dispositions communautaires?

Les dispositions communautaires en matière de sécurité sociale s'appliquent à l'ensemble de la législation nationale sur la maladie et la maternité, les accidents et les maladies du travail, les allocations d'invalidité, les pensions vieillesse, les prestations au survivant, les allocations de décès, les allocations de chômage et les prestations familiales, que ces prestations soient financées par cotisations ou non et qu'elles soient versées par les employeurs, les institutions d'assurance sociale ou l'institution publique concernée.

Les dispositions communautaires ne s'appliquent pas à l'aide sociale et/ou médicale subordonnée à un contrôle des ressources ni aux allocations prévues par les régimes professionnels de retraite ou les régimes de préretraite. Elles ne s'appliquent pas non plus aux régimes destinés aux seuls fonctionnaires ni aux indemnités versées aux victimes de guerre ou de ses conséquences.

À qui s'appliquent les dispositions communautaires en matière de sécurité sociale?

À l'heure actuelle, les dispositions en matière de sécurité sociale s'appliquent à l'immense majorité, mais pas à l'ensemble de la population communautaire. Elles concernent:

1) les travailleurs salariés et indépendants ressortissants d'un État membre de la Communauté ou de l'Espace

économique européen (EEE, c'est-à-dire la Communauté plus la Norvège, l'Islande et le Liechtenstein), qui sont ou ont été assurés selon la législation de l'un de ces États;

2) les retraités ressortissants de ces États, même s'ils étaient à la retraite avant l'adhésion de leur pays à la Communauté ou à l'EEE;

3) les membres de la famille ou les conjoints survivants des personnes indiquées ci-dessus, quelle que soit leur nationalité. Leur protection se limite cependant aux droits dérivant du travailleur ou du retraité concerné. En règle générale, la définition applicable d'une famille est celle figurant dans la législation du pays de résidence;

4) les fonctionnaires assurés selon le régime général et non selon le régime destiné uniquement aux fonctionnaires;

5) les apatrides et les réfugiés.

Ne sont pas couverts:

1) les étudiants et les inactifs qui ne sont pas considérés comme membres de la famille d'un salarié ou d'un pensionné;

2) les fonctionnaires assurés selon le régime destiné aux seuls fonctionnaires;

3) les ressortissants de pays non-membres de la Communauté ou de l'EEE.

Si je veux travailler à l'étranger, quel est le régime de sécurité sociale applicable?

Deux principes fondamentaux entrent en jeu ici. Le premier déclare que les travailleurs salariés et indépendants sont couverts par la législation en matière de sécurité sociale d'un seul État membre, quel que soit le nombre d'États où ils travaillent. Selon le second principe, un salarié est assuré dans le pays où il est employé et où il réalise la plus grande partie de son travail. S'il va travailler dans un autre État membre, il sera alors soumis à la législation du nouveau pays d'emploi.

Existe-t-il des exceptions à ces deux règles?

Oui, il existe des exceptions, notamment pour les affectations à l'étranger, pour les catégories spécifiques telles que les fonctionnaires, les marins et les militaires, les personnes qui travaillent habituellement dans deux ou plusieurs États membres ainsi que les personnes qui sont salariées dans un État membre et exercent une activité indépendante dans un autre:

1) si vous êtes affecté dans un autre pays, pour une période inférieure à douze mois, vous restez soumis au même régime d'assurance nationale. Avant de partir, vous devez demander à votre institution d'assurance un formulaire E101, qui certifie que vous restez couvert par la législation de votre pays natal. En cas de prolongation imprévue de la durée du travail au-delà de douze mois, vous pouvez demander une prorogation de la période d'affectation d'un maximum de douze mois en remplissant un formulaire E102;

2) les marins, les employés des services de transport internationaux, les fonctionnaires et les membres des forces armées sont tous assurés dans l'État membre où est basé le navire/le siège;

3) si vous travaillez dans deux ou plusieurs États membres, vous êtes assuré dans le pays où vous habitez, à condition que vous réalisiez une partie de votre activité dans ce pays. Il en va de même pour les personnes exerçant une activité indépendante dans plusieurs États membres. Si vous n'habitez pas l'un des pays où vous travaillez, vous serez assuré dans l'État membre où est basé votre employeur. Si vous exercez une activité indépendante, vous serez assuré dans l'État

membre où vous effectuez la majorité de votre travail;

4) les personnes qui sont salariées dans un État membre et non salariées dans un autre sont généralement assurées dans le pays où elles sont salariées, mais pourront exceptionnellement être assurées simultanément dans les deux États membres.

Si je commence à travailler ou si je crée une entreprise dans un autre État membre, est-ce que j'ai besoin d'un permis de séjour?

Vous avez le droit de travailler ou de créer une entreprise n'importe où dans la Communauté sans avoir besoin d'un permis de travail. Néanmoins, vous devez demander (et vous recevrez automatiquement) un permis de séjour, d'une validité de cinq ans, renouvelable sur demande. Si vous êtes employé pendant une période de plus de trois mois, mais de moins de un an, vous recevrez un permis de séjour temporaire et vous risquez une pénalité si vous n'en demandez pas. Vous ferez mieux de vous mettre en rapport avec le consulat du pays concerné, avant de partir, afin d'obtenir les coordonnées de l'instance locale compétente.

L'entrée dans un État membre peut vous être refusée pour des raisons de sécurité publique et de santé publique. En règle générale, vous ne devez pas représenter pendant votre séjour une charge pour l'assistance sociale de l'État membre concerné et vous devez disposer de ressources suffisantes ainsi que vous conformer aux exigences juridiques normales.

Quels sont les droits de ma famille si elle vient habiter avec moi?

Conformément à la loi, vous devez bénéficier, avec votre famille, du même traitement que les ressortissants du pays où vous allez séjourner en ce qui concerne l'emploi, les droits syndicaux, la formation et l'égalité des chances. Vous devez évidemment payer les mêmes impôts et les mêmes cotisations de sécurité sociale que les ressortissants de l'État membre concerné. De la même façon, votre famille peut prétendre à toutes les prestations sociales de ce pays au même titre que ses ressortissants.

Si vous venez de l'extérieur de la Communauté, mais disposez d'un permis de séjour dans un État membre et allez travailler dans un autre, vous avez le droit de vous faire accompagner de votre famille. Si votre conjoint et/ou vos enfants (ou autres parents à charge) ont moins de 21 ans et ne sont pas eux-mêmes des ressortissants de la Communauté, ils bénéficient des mêmes droits, à la condition que vous travailliez. Néanmoins, vous devez demander l'autorisation des services locaux d'immigration avant de les faire entrer pour la première fois dans un autre État membre.

Comment puis-je rechercher à l'avance un emploi dans un autre État membre?

Il existe de nombreuses façons de vous y prendre, y compris la lecture des journaux et la réponse aux annonces. Vous pouvez également vous adresser aux services de l'emploi européens (EURES). EURES vous donnera les détails des postes vacants, cherchera des postes vacants à l'étranger qui vous soient adaptés et vous permettra de présenter une demande spéculative dans un autre État membre, mais, pour être réaliste, vous devrez parler la langue de cet État membre et posséder des compétences particulières susceptibles d'intéresser un employeur. Vous avez théoriquement le droit de prétendre à n'importe quel emploi dans un autre État membre. Cette règle s'applique aux secteurs public et privé, mais il se peut que certains postes de la fonction publique impliquant l'exercice de l'autorité publique soient interdits aux non-ressortissants de l'État concerné. Il vaut mieux vous renseigner auprès du consulat du pays en question.

Bureau de l'EURES
Mme Kolotourou
Rue de la Loi 200
B-1049 Bruxelles
Tél. (32-2) 295 50 90
Fax (32-2) 299 05 08

Je suis chômeur; pendant combien de temps puis-je séjourner dans un autre État membre en recherchant du travail?

En tant que chômeur désirant vous rendre dans un autre État membre à la recherche d'un emploi, vous avez le droit de faire transférer vos allocations de chômage pendant une période maximale de trois mois, à condition d'avoir été chômeur inscrit dans votre propre pays pendant un mois. Cela vous permettra de recevoir les allocations de chômage versées par votre pays d'origine dans l'État membre où vous recherchez du travail.

Vous devez vous mettre en contact avec les services d'aide à l'emploi du pays où vous cherchez du travail. Ils vous remettront un formulaire E 303 que vous devez présenter en vous inscrivant comme demandeur d'emploi auprès des services d'aide à l'emploi du pays où vous cherchez du travail. Vous devez vous inscrire dans les sept jours suivant la date à laquelle vous avez cessé d'être à la disposition des services d'emploi de votre pays d'origine. Vous devez vous conformer aux contrôles ou procédures administratifs qui seront éventuellement exigés par les services d'emploi du nouveau pays.

Si vous ne réussissez pas à trouver du travail dans le nouveau pays, vous devez regagner votre propre pays avant la fin de la période de trois mois si vous souhaitez continuer à percevoir les allocations de chômage là-bas. Autrement, vous pourrez demander un versement sous condition de ressources dans le pays où vous séjournez, mais votre demande ne sera pas forcément reçue, car les conditions d'ouverture des droits aux prestations diffèrent d'un État membre à l'autre.

Néanmoins, vous avez le droit de séjourner dans un autre État membre pendant une «période raisonnable», dans le but de trouver un emploi. Il s'agit généralement d'une période de six mois, mais cette période varie selon les États membres. On vous demandera éventuellement de fournir des preuves des recherches effectuées, telles que les demandes d'emploi que vous avez présentées ou le formulaire de transfert de vos allocations de chômage. Néanmoins, vous pouvez généralement rester plus longtemps si vous êtes en mesure de prouver que vous recherchez encore

Le chômage représente notre préoccupation majeure. Cette question relève surtout de la responsabilité des États membres, mais la Commission joue également un rôle. Vous pouvez rechercher un emploi dans les autres pays de l'UE comme chez vous. Il existe des fonds de l'UE destinés aux programmes de formation et d'étude à l'étranger, et la Commission, au niveau politique, propose aux États membres un pacte de confiance pour l'emploi.

un emploi et que vous avez de bonnes chances d'en obtenir un.

Mes qualifications et ma formation professionnelles seront-elles reconnues si je vais travailler dans un autre État membre?

Jusqu'à récemment, les États membres n'étaient pas tenus de reconnaître une grande partie des qualifications professionnelles obtenues dans d'autres États membres. Cela constituait un obstacle important à la libre circulation, puisque les professionnels avaient souvent à se requalifier avant de pouvoir exercer leur activité professionnelle dans un autre État membre. Afin de lever cette contrainte, la Communauté a adopté une série de directives visant à assurer la validité, dans l'ensemble de la Communauté, des qualifications et de l'expérience pratique obtenues dans un pays.

Certains principes de base s'appliquent, les dispositions européennes étant destinées à établir certaines normes professionnelles minimales ainsi que des niveaux équivalents de compétences pour tous les États membres, car les systèmes d'éducation et de formation dans les différents pays présentent encore quelques différences importantes.

À titre d'exemple, il est désormais acquis que tout diplôme de l'enseignement supérieur obtenu au bout de trois ans de formation, et non couvert par les directives concernant les «professions réglementées» (ou une profession particulière) sera reconnu. Les diplômes de l'enseignement supérieur obtenus dans un État membre doivent ainsi être reconnus dans tous les autres, même lorsque le contenu et la durée sont différents, à condition que la formation dure trois ans à plein temps ou l'équivalent à temps partiel et qu'elle respecte certaines normes.

Quelles sont les «professions réglementées»? Quelles sont les procédures qui s'appliquent aux architectes ou aux comptables qui souhaitent travailler ailleurs dans la Communauté?

Les professions réglementées sont celles dont l'exercice est régi d'une manière ou d'une autre par la loi ou par des règlements et des dispositions administratifs. La réglementation est généralement assurée par des sociétés privées privilégiées, des associations professionnelles ou par le gouvernement central ou local. Elle touche, dans la plupart des pays, les avocats, les comptables, les ingénieurs, les enseignants, les géomètres, les kinésithérapeutes, les pharmaciens, les géologues, les psychologues et autres.

Si votre profession n'est pas réglementée dans votre pays natal, alors qu'elle l'est à l'étranger, vous aurez toujours le droit de l'exercer, à condition de pouvoir prouver que vous l'avez exercée pendant au moins deux ans au cours des dix dernières années, après avoir obtenu votre diplôme au bout de trois ans d'enseignement supérieur. Il vous est conseillé de vous mettre en rapport avec l'organisme ou l'association chargé de la réglementation de votre profession afin d'obtenir les coordonnées de leurs homologues, auxquels vous devez vous adresser pour demander la reconnaissance de vos qualifications, en leur faisant parvenir les pièces justificatives nécessaires. L'organisme doit vous informer dans un délai maximal de quatre mois s'il accepte votre demande et reconnaît vos qualifications. Il vous imposera éventuellement un test d'aptitude, une période de travail surveillé ou l'acquisition d'une expérience professionnelle ultérieure.

Les exigences de formation se rapportant à certaines activités ont été harmonisées au niveau européen: médecins (généralistes et spécialistes), dentistes, infirmiers, sages-femmes, vétérinaires, architectes, pharmaciens.

Dans le cas d'autres emplois et métiers, les États membres sont tenus de vous permettre de travailler si vous avez déjà acquis une expérience professionnelle suffisante. Vous aurez besoin d'un certificat, émis dans votre pays d'origine, attestant que vous avez une expérience pratique de trois à six ans. Il s'agit, entre autres, d'emplois dans les domaines suivants: le commerce de gros et de détail/les intermédiaires, l'industrie du bâtiment, l'hôtellerie et la restauration, les transports, la poste, les télécommunications, les voyages, le commerce/la distribution des produits toxiques, la confection et le textile, les services/le courtage d'assurances, la sylviculture et l'horticulture.

Je souhaite étudier à l'étranger. Peut-on me refuser l'accès à la sécurité sociale dans ce pays? Quels sont mes droits?

De plus en plus d'étudiants choisissent de poursuivre leurs études dans d'autres pays. Les étudiants s'installant dans un autre État membre ont accès à toutes les prestations d'assurance maladie prévues dans la législation de ce pays. Vous ferez bien de vous munir d'un formulaire E 109, mais celui-ci peut également être remis à votre demande par votre compagnie d'assurances ou celle de vos parents. Si, par contre, vous séjournez temporairement dans un autre État membre, un formulaire E 111 vous donne accès à tous les soins de santé nécessaires. Pour toute autre prestation d'assurance maladie (c'est-à-dire celles dont vous n'avez pas besoin tout de suite), il vous faut une autorisation préalable, obtenue en remplissant un formulaire E 112.

Quels sont les projets d'éducation et de formation professionnelle soutenus par l'Union européenne?

L'investissement accru dans l'éducation est indispensable. Pour que les citoyens de l'UE puissent tirer tous les avantages du marché unique, l'UE met en œuvre des programmes visant à développer les opportunités d'emploi. Il y a trois catégories principales: la mobilité des étudiants, les programmes de formation, les échanges de jeunes:

1) doté d'un budget de 850 millions d'écus pour les années 1995-1999, le programme Socrates de l'UE favorise la mobilité. Il finance des projets qui encouragent la collaboration ainsi que l'échange d'idées et de compétences parmi les scientifiques, les chercheurs et d'autres universitaires. Il accorde également des subventions aux universités pour qu'elles développent des programmes d'études conjoints et envoient des étudiants dans des universités partenaires dans l'UE;

Pour vous renseigner au sujet des projets d'éducation et de formation ainsi qu'au sujet des projets pour les jeunes de l'UE, adressez-vous au ministère de l'Éducation de votre pays. Vous pouvez également obtenir des informations sur les différents programmes auprès de l'université la plus proche de chez vous, ou des bureaux des programmes Leonardo, Socrates et «Jeunesse pour l'Europe». Vous trouverez ci-après leurs coordonnées.

BUREAUX D'ASSISTANCE TECHNIQUE

Socrates et «Jeunesse pour l'Europe»
Rue Montoyer 70
B-1000 Bruxelles
Tél. (32-2) 233 01 11

Leonardo da Vinci
Avenue de l'Astronomie 9
B-1210 Bruxelles
Tél. (32-2) 227 01 00

BELGIQUE

Socrates
Ministère de l'Éducation, de la Recherche et de la Formation
Secrétariat général —
Cellule Socrates
Place Surlet de Chokier 15-17
B-1000 Bruxelles
Tél. (32-2) 221 89 38

Agence nationale francophone Erasmus
Place du Parc 20
B-7000 Mons
Tél. (32-65) 37 30 16

Leonardo da Vinci
Cellule FSE
WTC
Tour 1
Bd E. Jacqmain 162, boîte 16
B-1000 Bruxelles
Tél. (32-2) 207 75 16

«Jeunesse pour l'Europe»
Agence pour la promotion des activités internationales de jeunesse
Bd Adolphe Max 13-17
B-1000 Bruxelles
Tél. (32-2) 219 09 06

FRANCE

Socrates
CNOUS — Erasmus
6-8, rue Jean Calvin
F-75231 Paris Cedex 05
Tél. (33) 140 79 91 00
et 140 79 91 31/32

Leonardo da Vinci
Assemblée des chambres françaises de commerce et d'industrie — ACFCI
45, avenue d'Iéna
F-75016 Paris
Tél. (33) 140 69 37 35

Centre national des œuvres universitaires et scolaires — CNOUS
8, rue Jean Calvin
F-75231 Paris Cedex 05
Tél. (33) 140 79 91 49

«Jeunesse pour l'Europe»
Institut national de la jeunesse et de l'éducation populaire
Parc du Val-Flory
9-11, rue Paul-Leplat
F-78160 Marly-le-Roy
Tél. (33) 139 17 27 27

LUXEMBOURG

Socrates
Ministère de l'Éducation nationale
29, rue Aldringen
L-2926 Luxembourg
Tél. (352) 1478 52 16/19

Leonardo da Vinci
Ministère de l'Éducation nationale et de la Formation professionnelle
29, rue Aldringen
L-2926 Luxembourg
Tél. (352) 478 52 34

«Jeunesse pour l'Europe»
Centre d'information et d'échanges de jeunes
76, bd de la Pétrusse
L-2320 Luxembourg
Tél. (352) 40 55 52

2) dans le cadre du programme Leonardo, l'UE a établi des programmes de formation visant à assurer aux travailleurs européens les compétences et les qualifications nécessaires. Ce programme favorise la formation professionnelle des femmes et des jeunes, soutient des projets destinés à renforcer la collaboration entre les universités et l'industrie dans le domaine de la formation technologique et encourage la formation aux nouvelles technologies. Le programme Leonardo dispose d'un budget de 620 millions d'écus;

3) le programme «Jeunesse pour l'Europe» de l'UE aide des jeunes non admissibles aux programmes Socrates et Leonardo à faire l'expérience de vivre et de travailler dans d'autres États membres. Il existe, par exemple, un programme d'échange de jeunes travailleurs, qui privilégie les détenteurs d'un diplôme universitaire. Le programme «Jeunesse pour l'Europe» de l'UE permet à des jeunes de 15 à 25 ans de participer à toute une série d'activités d'échange.

L'UE est actuellement en train de lancer un projet pilote de service volontaire européen visant à donner aux jeunes la possibilité de poursuivre une activité d'intérêt général dans un autre pays de l'UE. Ouvert à environ 2 500 jeunes européens de 18 à 25 ans, avec ou sans qualifications scolaires, mais en privilégiant les jeunes défavorisés, le projet se propose de favoriser l'insertion sociale et professionnelle et espère jeter les bases d'un cadre juridique pour que les volontaires puissent surmonter les problèmes actuels concernant les permis de séjour et la protection sociale.

L'apprentissage permanent est d'une importance capitale pour qui souhaite faire face aux changements sur son lieu de travail ou trouver un nouvel emploi. La Commission offre un certain nombre de programmes de formation aux citoyens de l'UE.

Les activités envisagées, qui doivent aider à répondre aux besoins de la société, peuvent comporter l'organisation de services pour les jeunes, l'aide aux personnes âgées ou handicapées, aux réfugiés, aux sans-abri et aux malades, des projets pédagogiques, etc. Les jeunes doivent présenter leur demande par l'intermédiaire d'une organisation non gouvernementale (ONG) ou de leur administration locale.

Quels sont mes droits en tant que retraité si je m'installe à l'étranger?

Les retraités bénéficient d'une ample protection au sein de la Communauté, même s'ils n'ont jamais quitté leur pays pendant leur carrière professionnelle. Tout d'abord, bien qu'il n'existe pas de pension communautaire, vous avez droit à une pension séparée de la part de chaque pays où vous avez été assuré pendant un minimum de un an, pourvu que vous réunissiez les conditions requises selon la législation nationale (avoir atteint l'âge de la retraite, etc.). Si la période de votre assurance dans un pays particulier est insuffisante selon les règles nationales en matière de période minimale d'assurance («période d'attente»), les dispositions communautaires prévoient la prise en compte des périodes d'assurance dans d'autres pays pour ouvrir le droit aux prestations. Si vous avez droit à une pension de deux ou de plusieurs pays, chaque pension sera calculée proportionnellement à la durée d'assurance dans chaque pays concerné.

Par ailleurs, votre pension sera versée dans votre pays de résidence, quel qu'il soit, dans la Communauté ou l'EEE, sans réduction, modification ni suspension, bien que cela ne s'applique pas à certains compléments de pension, aux régimes de retraite complémentaires basés sur des conventions collectives ou aux pensions sociales versées sous condition de ressources.

En tant qu'allocataire d'une pension versée par l'État, vous avez droit, ainsi que votre famille, aux prestations en nature de l'assurance maladie dans votre pays de résidence, même si vous n'avez jamais été assuré dans ce pays, la condition étant que vous auriez droit aux prestations d'assurance maladie selon la législation de l'un des pays qui vous versent une pension si vous habitiez ce pays. Il se peut que vous ayez également droit aux prestations en espèces de l'assurance maladie du pays qui verse votre pension (ou du pays où vous avez été assuré le plus longtemps si vous recevez des pensions de plusieurs pays). Si vous

Vous voulez prendre votre retraite dans la partie ensoleillée de l'UE? Aucun problème, vous pouvez vous installer et recevoir votre pension où vous le voulez, que ce soit au bord d'un lac de Finlande ou près d'une plage méditerranéenne.

Photonews

avez droit à une pension versée par votre pays de résidence, vous pouvez, ainsi que les membres de votre famille, bénéficier des prestations en espèces et en nature de l'assurance maladie au même titre que les ressortissants de ce pays.

Vous avez droit aux prestations familiales pour votre famille, quel que soit votre pays de résidence ou celui des membres de votre famille dans la Communauté ou l'EEE. Ces prestations sont versées par l'institution compétente du pays qui vous verse votre pension. Si vous avez droit à plusieurs pensions de différents pays, vous recevrez, en règle générale, le montant maximal des prestations prévues selon la législation de l'un de ces pays.

Ai-je droit aux allocations d'invalidité dans d'autres États membres?

Les régimes d'allocations d'invalidité varient énormément selon les pays de la Communauté et de l'EEE. Dans certains pays, les allocations sont calculées de la même façon que les pensions vieillesse et le montant versé est fonction de la durée de vos périodes d'assurance. Dans un tel cas, vous avez droit à une pension d'invalidité de la part de chaque pays où vous êtes ou avez été assuré, la valeur de chaque pension étant proportionnelle à la durée de la période d'assurance. Les cotisations versées dans d'autres pays peuvent être cumulées afin de vous ouvrir le droit à cette prestation.

Dans d'autres pays, le montant des allocations d'invalidité n'est pas conditionné par la durée de la période d'assurance. Si vous n'avez été assuré que dans ces pays, vous recevrez la pension versée par l'État membre où vous étiez assuré lorsque votre invalidité s'est déclarée. Si vous étiez assuré d'abord dans un pays où le montant des allocations d'invalidité est fonction de la durée des périodes d'assurance et ensuite dans un pays où ce n'est pas le cas, vous recevrez deux pensions: l'une versée par le premier État correspondant à la durée des périodes d'assurance, et l'autre par le second État. Dans ce cas, l'ajustement sera effectué de façon que vous soyez ni plus ni moins bien loti qu'une personne qui a travaillé dans un seul pays pendant sa carrière.

Par contre, si vous étiez assuré d'abord dans un pays où le montant de la pension n'est pas conditionné par la durée des périodes d'assurance et ensuite dans un pays où la pension est effectivement liée à ces périodes, vous recevrez deux pensions séparées, qui correspondront chacune à la durée de vos périodes d'assurance dans les pays respectifs.

Il se peut que les allocations d'invalidité soient converties en prestations de retraite quand vous atteignez l'âge de la retraite, cela dépend de la législation nationale.

Les **formulaires** et les **procédures officiels** sont parfois longs et complexes. Ils sont pourtant indispensables lorsque vous avez affaire à des institutions étrangères de sécurité sociale et peuvent vous aider à vous prévaloir de vos droits dans un délai raisonnable. Une série spéciale de «formulaires E» a été conçue afin de garantir une communication rapide et efficace entre les régimes de sécurité sociale des différents États membres. Ces formulaires comprennent toutes les informations nécessaires pour prouver votre admissibilité et déterminer le montant des prestations qui vous sont dues.

Avant de quitter votre pays, vous devez toujours demander aux institutions de sécurité sociale de vous donner les formulaires appropriés (à titre d'exemple, les touristes doivent se munir d'un formulaire E 111, qui donne droit aux soins de santé en cas d'accident ou de maladie subite).

Les formulaires les plus importants sont:

— E 100 dans le cas d'une affectation à l'étranger et pour ouvrir le droit aux prestations d'assurance maladie et de maternité;

— E 200 pour le calcul et le versement des pensions;

— E 300 pour ouvrir le droit aux allocations de chômage;

— E 400 pour ouvrir le droit aux prestations familiales.

Que dois-je faire si je découvre qu'une prestation à laquelle j'ai droit m'est refusée?

Dans 99 % des cas, les dispositions communautaires en matière de sécurité sociale sont respectées et mises en application. Des problèmes peuvent tout de même surgir de temps en temps à cause d'une mauvaise interprétation de la part des autorités nationales ou parce que celles-ci considèrent qu'une prestation particulière n'est pas couverte par les règlements de la Communauté.

Ne vous faites pas de souci! Les dispositions communautaires ont un caractère obligatoire pour chaque État membre et chaque autorité. Il s'agit de vos droits et vous pouvez donc vous adresser aux tribunaux et cours de justice nationaux, mais il faut normalement épuiser tous les recours auprès des institutions de sécurité sociale avant de pouvoir porter une affaire devant un tribunal.

Les **questions** et les **réponses** contenues dans cette brochure sur le thème «Vivre, travailler et étudier dans un autre pays de l'Union européenne» ne couvrent évidemment pas tous les aspects. Pour obtenir des conseils juridiques indépendants ou pour poser d'autres questions éventuelles, vous pouvez également vous adresser aux bureaux d'aide et conseil aux citoyens financés par la Communauté dans les différents États membres. Ils vous renseigneront sur n'importe quel aspect de vos droits en tant que citoyen de l'UE.

RÉSEAU EURO-JUS DE BUREAUX D'INFORMATION DES CITOYENS

BELGIQUE
Euro-droit
Rue Archimède 73
B-1000 Bruxelles
Tél. (32-2) 295 94 78
Fax (32-2) 295 01 66

DANEMARK
Østergade 61
PO Box 144
DK-1004 København K
Tél. (45-33) 14 41 40
Fax (45-33) 11 12 03

ALLEMAGNE
Europäische Kommission
Zitelmannstr. 22
D-53113 Bonn
Tél. (49-228) 63 03 43
Fax (49-228) 530 09 50

GRÈCE
Vassilissis Sofias 2
CP 11002
EL-10674 Athina
Tél. (30-1) 725 10 00
Fax (30-1) 724 46 20

ESPAGNE
Comisión Europea
Representación en España
Paseo de la Castellana, 46
E-28046 Madrid
Tél. (34-1) 431 57 11
Fax (34-1) 576 03 87

FRANCE
CCE-BRF
Socle de la Grande Arche
F-92054 Paris-la Défense Cedex
Tél. (33) 141 25 12 53
Fax (33) 141 25 12 13

IRLANDE
18 Dawson Street
Dublin 2, Ireland
Tél. (353-1) 662 51 13
Fax (353-1) 662 51 18

ITALIE
Commissione europea
Via Poli, 29
I-00187 Roma
Tél. (39-6) 69 99 91
Fax (39-6) 69 95 01

LUXEMBOURG
Bâtiment Jean Monnet
Bureau BO/003
Rue Alcide De Gasperi
L-2920 Luxembourg
Tél. (352) 43 01-33443
Fax (352) 43 01-34433

PAYS-BAS
Korte Vijverberg 5
PB 30465
2500 GL Den Haag
Nederland
Tél. (31-70) 346 93 26, poste 44
Fax (31-70) 364 66 19

AUTRICHE
Euro-jus
Stefan Hornung
Bürgerberater
Kärntnerring 5-7
A-1010 WIEN
Tél. (43-1) 51 61 83 41
Fax (43-1) 513 42 25

PORTUGAL
Centro europeu Jean Monnet
Largo Jean Monnet, 1-10.°
P-1200 Lisboa
Tél. (351-1) 350 98 80
Fax (351-1) 350 98 03

FINLANDE
Euroopan komissio
Europeiska kommissionen
Pohjoisesplanadi 31/
Norra esplanaden 31
PL 234
FIN-00131 Helsinki
Tél. (358-9) 65 64 20
Fax (358-9) 65 67 28

SUÈDE
Nybrogatan 11
Box 7323
S-10390 Stockholm
Tél. (46-8) 56 24 44 11
Fax (46-8) 56 24 44 12
E-mail:
bursto@sverige.dg 10-bur.cec.be

ROYAUME-UNI
The Aire Centre
74 Eurolink Business Centre
44 Effra Road
London SW2
United Kingdom
Tél. (44-171) 924 09 27
Fax (44-171) 733 67 86

Une fois épuisés toutes les procédures et tous les recours juridiques nationaux, vous pouvez vous adresser en dernier ressort à la Cour de justice des Communautés européennes. Néanmoins, en cas de doute, le tribunal national saisi de votre cas peut demander à la Cour de justice d'interpréter une règle communautaire particulière en matière de sécurité sociale. La Cour a déjà rendu plus de trois cents jugements sur des questions de sécurité sociale, pour la plupart en faveur des travailleurs migrants et de leur famille. La Cour ne juge pas directement les cas individuels; elle se limite à interpréter les dispositions communautaires pertinentes à la lumière d'un cas particulier. La décision définitive est exécutoire.

4. Vacances et voyages dans l'Union européenne

Les boutiques hors-taxe vont-elles disparaître avec la suppression des frontières intérieures?

Les boutiques hors-taxe aux aéroports, aux ports et à bord des bateaux resteront en place jusqu'au 30 juin 1999. À ce moment-là, les ventes hors-taxe disparaîtront pour les voyageurs à l'intérieur de la Communauté, car une Europe sans frontières se doit également d'être une Europe sans avantages fiscaux au passage des frontières. Pour l'instant, du moins, les limites qui s'appliquent aux ventes hors-taxe sont les mêmes pour les citoyens de l'UE que pour les voyageurs qui entrent dans la Communauté en provenance d'un pays tiers.

Quels achats suis-je autorisé à rapporter chez moi maintenant que le marché unique est en place?

La réponse est: tout ce que vous voulez, à condition que le produit ne soit pas interdit dans votre pays d'origine (stupéfiants, etc.). L'un des grands avantages du marché unique est que les taxes additionnelles n'existent plus. À titre d'exemple, vous n'avez plus à verser la TVA une seconde fois en rentrant dans votre pays. Néanmoins, cela ne s'applique qu'aux marchandises dédouanées destinées uniquement à la consommation personnelle, et non pas à la revente. À part cela, la quantité de marchandises dédouanées que vous pouvez emporter d'un pays communautaire à l'autre n'est pas limitée.

Quels sont les règlements communautaires qui s'appliquent à l'achat d'une voiture dans un autre État membre?

Les voitures font exception aux règlements communautaires en matière d'achats transfrontaliers. Cela s'explique par le fait qu'il existe encore des divergences importantes en ce qui concerne les taxes payables à l'immatriculation d'une voiture dans les différents pays de

Les **limites s'appliquant à l'achat** d'alcool et de tabac dédouanés ont été supprimées, sauf au Danemark, en Finlande et en Suède. Des lignes directrices ont été émises à l'intention des consommateurs et des douaniers; vous pouvez dépasser les quantités indiquées ci-dessous, à condition de prouver que les produits sont destinés à votre consommation personnelle.

Cigarettes: 800; cigarillos: 400; cigares: 200; tabac: 1 kilo; alcool: 10 litres; porto, sherry et autres vins de liqueur: 20 litres; vin: 90 litres (pas plus de 60 litres de mousseux); bière: 110 litres.

Les trois exceptions aux règles communautaires en matière d'achats transfrontaliers concernent les voitures, les bateaux et les avions neufs ou pratiquement neufs. Dans ces cas, la TVA est payable uniquement dans votre pays de résidence, à condition de fournir des preuves de résidence au vendeur.

la Communauté. À titre d'exemple, il n'y a pas de taxe en Allemagne et au Luxembourg, tandis que l'immatriculation coûte particulièrement cher au Danemark et en Grèce et que, en France, une taxe à la circulation est appliquée, dont le montant varie d'un département à l'autre. En bref, il n'existe pas de système unifié d'immatriculation des voitures pour l'ensemble de la Communauté. Cependant, des solutions répondant à ce genre de problèmes sont actuellement étudiées par la Commission européenne. La principale difficulté est que certains ministères des Finances en tirent des recettes particulièrement intéressantes.

À l'heure actuelle, si la voiture a moins de 6 000 km au compteur ou a circulé pendant moins de six mois, vous devez payer la TVA aussi bien dans l'État membre où vous habitez que dans celui où la voiture sera immatriculée. Pour les voitures particulières qui n'entrent pas dans cette catégorie, vous payerez désormais la TVA dans le pays où vous avez acheté la voiture et non pas dans celui où elle est immatriculée par la suite.

Mon permis de conduire est-il valable dans toute la Communauté?

Les permis de conduire valables dans un État membre sont admis dans n'importe quel autre pays de la Communauté pendant une période maximale de trois mois, mais, si vous comptez vous installer dans un autre pays, il vous faudra obtenir un permis local. Certains progrès ont été faits en matière d'harmonisation de l'examen du permis de conduire, pour que celui-ci ne soit pas nettement plus facile dans un pays que dans un autre. Le format du permis lui-même est également à l'étude, pour qu'il soit reconnaissable dans tous les États membres.

En ce qui concerne l'assurance, le montant de l'indemnisation des dégâts causés par un tiers variant d'un pays à l'autre, il est conseillé de souscrire une assurance supplémentaire pour couvrir le risque. Néanmoins, tous les Européens bénéficient d'une couverture de responsabilité civile dans le pays visité, sans avoir à verser de prime supplémentaire. Cela vaut quand même souvent la peine de vous assurer que votre contrat comprend une «garantie de sécurité», pour le cas où vous auriez un accident et que les autorités locales vous obligeraient à verser un acompte en attendant que la responsabilité de la faute soit déterminée.

Numéros de téléphone des centres européens d'information des consommateurs

Lille (F) (33) 320 60 69 19;
Mons (B) (32-65) 84 07 38;
Courtrai (B) (32-56) 23 37 03;
Luxembourg (L) (352) 49 60 22;
Turin (I) (39-11) 431 05 25;
Barcelone (E) (34-3) 330 98 12;
Montpellier (F) (33) 467 92 63 40;
Gronau (D) (49-25) 62 70 20;
Aix-la-Chapelle (D) (49-241) 96 21 22;
Saint-Vith (B) (32-80) 22 97 00;
Eupen (B) (32-87) 55 55 40;
Heerlen-Hoensbroek (NL) (31-45) 22 61 61;
Flensburg (DK/D) (49-461) 287 05;
Kehl (D) (49-7851) 48 28 62;
Guimaraes (P) (351-53) 51 37 00;
Pontevedra (E) (34-86) 86 22 33;
Saint-Jacques-de-Compostelle (E) (34-81) 54 55 64;
Bilbao (E) (43-4) 442 32 88.

À qui puis-je demander conseil si j'achète un produit défectueux dans un autre État membre?

La première chose à faire si vous avez un problème de ce genre est de vous plaindre au prestataire du service, au fabricant ou au concessionnaire. Si vous n'obtenez pas satisfaction, vous pouvez également vous adresser aux centres européens d'information des consommateurs (numéros de contact ci-dessus), dont le personnel possède une expérience des différentes situations juridiques pouvant exister des deux côtés de la frontière. Ces centres sont également en mesure de fournir conseil et informations aux personnes envisageant de faire des achats transfrontaliers — est-ce que les prix sont meilleurs de l'autre côté de la frontière? Quelles sont les règles concernant les certificats de garantie? Quelle est la méthode la moins chère pour virer de l'argent d'un pays à un autre?

Si je tombe malade en vacances ou en voyage d'affaires, ai-je droit à des soins médicaux gratuits?

Oui, les ressortissants de n'importe quel État membre peuvent réclamer des soins d'urgence ou des soins médicaux en cas de maladie imprévue ou d'accident au même titre que les ressortissants du pays concerné (exception faite d'Andorre, de Monaco et de Saint-Marin).

Il est conseillé de vous munir d'un formulaire E 111 avant de partir en vacances afin d'avoir droit aux prestations médicales. Dans certains pays de la Communauté, les soins médicaux sont gratuits, tandis que dans d'autres vous devez payer une partie, voire la totalité des coûts et demander ensuite un remboursement complet ou partiel.

Si vous oubliez de vous munir d'un formulaire E 111, vous aurez à payer sur le champ les soins reçus, mais vous pourrez en principe vous faire rembourser plus tard par votre assurance qui tiendra compte des tarifs de remboursement en vigueur dans le pays où vous avez reçu les soins.

Une **grande partie d'entre nous** avons déjà été déçus ou connaissons quelqu'un qui a été déçu par un voyagiste. Une législation européenne récente assure la protection des clients des organisateurs de voyages. Celle-ci s'applique à tout voyage organisé de plus de vingt-quatre heures ou comportant une nuitée, quelle que soit la destination. Elle vous donne, entre autres avantages, le droit d'exiger des informations détaillées sur le voyage et une indemnité complète ou un remboursement équivalent en cas d'annulation par l'organisateur. Par ailleurs, les agences de voyage sont désormais tenues de vous informer des meilleurs tarifs disponibles.

Photonews

Cherchez le drapeau bleu sur les plages touristiques et les marinas afin de vous assurer que celles-ci respectent les normes communautaires en matière d'eaux de baignade et que l'administration locale a fait les démarches nécessaires pour garantir leur propreté. Les drapeaux sont attribués par la Fondation pour l'éducation à l'environnement en Europe, qui est un organisme indépendant soutenu par la Communauté.

L'**UE** s'efforce également d'assurer la protection des acheteurs de multipropriété: la mise en place de garanties suffisantes d'indemnisation des pertes découlant de la construction tardive de l'immeuble, la répartition équitable entre les acheteurs des charges locatives et du coût des services communs, l'intégration obligatoire d'une description de l'immeuble dans le contrat de multipropriété (y compris le détail des services communs prévus: gaz, électricité, ramassage des ordures ménagères, etc.), le tout exprimé dans une langue comprise par l'acheteur.

Commission européenne

L'EUROPE... QUESTIONS ET RÉPONSES
L'UNION EUROPÉENNE — QUEL INTÉRÊT POUR MOI?

Luxembourg: Office des publications officielles
des Communautés européennes

1996 — 31 p. — 16,2 x 22,9 cm

ISBN 92-827-8109-7

L'Union européenne représente une grande diversité de choses pour beaucoup de personnes. Certains sont d'avis que l'arbre cache la forêt. À quoi sert exactement l'Union européenne aujourd'hui? De même, vous voudriez peut-être savoir en quoi l'Union européenne vous est bénéfique, concrètement. Cette brochure, divisée en plusieurs numéros, cherche à donner des réponses brèves mais concises aux questions les plus fréquemment posées.